「自分に素直な女《ひと》」が結局いちばんうまくいく

疲れない私でいられる5つのルール

魂のソウル覚醒コーチ
セルフブランディングセミナー講師
ハマトモ

Clover
クローバー出版

プロローグ

いつからだって望む未来はスタートできる！

「私ってこのままでいいのかなぁ」
「何かやってみたいけど、私に何ができるのだろう」
「それに、失敗したくないし」
「今度こそ、幸せを掴みたい」

そんな風に、今の自分を変えたい、なりたい自分になって、もっと自分らしく生きていきたい、夢を実現させたい、と思っている人に読んで頂きたいと思って、本書をつづりました。

はじめまして、ハマトモです。
私は普段、自分らしく輝きながら幸せに生きていくための講座やセッションをしたり、ＳＮＳでその方法について発信しています。

私のところには、先ほど書いたように
「今度こそ幸せを摑みたい」「でも失敗したくない」
という、なりたい自分がいるのだけど、一歩踏み出せない、という方がよくご相談にいらっしゃいます。

よく話しを聴いてみると……。

みなさん、これまでの人生の中で、
「キラキラ輝いて生きていきたいとセミナーに行ったり、勉強をいろいろやってみたけど、あの人みたいに素敵になれない」

と思っていたり、

「恋人と辛い別れを経験したことで、恋愛するのが怖い」

「離婚を経験したことでもう私は誰にも愛されないかも」

と感じていたり、
何かしら、失敗と感じる経験から自分で自分にストップをかけている状態の方が多いのです。


そういう私も、かつては同じことで悩んで一歩を踏み出せずにいました。


「本当は自分の創造性を発揮して、自分を表現したい。だけど、周りの目が気になるし、失敗したくない。失敗するくらいならやらないほうがいいかも」

そんな風に思いながら、何度も自分の本心から目を背けてきました。

しかし、何度目を背け、違うことで心を満たそうとしても、必ずまた、

「私の人生ってこのままでいいの?」

とモヤモヤした気持ちが湧いてきてしまうのです。

いつになったら私は、

「私って、私の人生生きてる! 最高に楽しい!」

って感じることができるのだろうか?


何年も自問自答を繰り返しながら、その思いを抱えながらいろいろな仕事や結婚、出産、子育てを経験。

いろいろなことを経験、勉強する中で、私は徐々に自分なりの成功法則、この世の不変の法則というものを見つけることができるようになりました。


そうしてできあがったのが、「魂のソウル覚醒メソッド」なのです。

今ではこのメソッドのおかげで、
大好きな家族、大好きな環境、大好きな人たちと大好きな仕事ができており、
モヤモヤしていた自分から、ずっと憧れていた自分になることができました。

「あぁ、自分の人生ってこれをするためにあるのだなぁ」
「ありがたいなぁ」
「幸せだなぁ」
と自然と日々思えるようになり、
昔描いていた、ハイテンションなものではなく、ふとした瞬間に穏やかに「あぁこれでいいのだなぁ」という自信と安心感に包まれる生活を送っています。

さて、魂のソウル覚醒メソッドには5つの魔法のルールがあります。

それは、

1. 自分軸を確立すること
2. とことん取り組むこと
3. トライアンドエラーを繰り返すこと
4. 自分を肯定すること
5. 不変の法則を知ること

という内容です。

これを理解し、実践することで誰でも「なりたい自分」になれます。
これから1つずつ、本書で詳しくお伝えしていきますね。

あなたがこの本を手に取ったということは、
あなたの運命は、今ここから変わり始めるということです。

誰の人生でもない、あなたの人生。

あなたがあなたらしく生まれ変わる旅に、たった今から出発しましょう。

私、ハマトモがご案内します。

目次

「自分に素直な女《ひと》」が
結局いちばんうまくいく

CONTENTS

第2章

魂を覚醒させる②
モヤモヤ解消の特効薬は行動！

第3章

魂を覚醒させる③ 失敗も成功も〝マイ経験バンク〟に貯めていく

第4章

魂を覚醒させる④

夢を叶える3つの○○とは？

第5章

魂を覚醒させる⑤
迷ったらイマとイチに立ち返る

第1章

魂を覚醒させる①

〝ほんとう〟の自分軸を理解しよう♡

なぜ自分軸が必要なの？

私たちがいつも肌身離さず持っているスマホ。お財布を忘れるよりも怖いですね、私は（笑）。

あらゆる情報がリアルタイムで更新されている現代社会。個人の発信により私たちは様々な世界観や情報に触れています。必要なものも必要でないものも、寝ていると き以外は無意識のうちに情報を浴び続けているのです。これからの時代はさらに超情報化社会となり、多種多様な表現方法で情報が流れてくるでしょう。

しかも5G到来で回線スピードも格段に上がっていきます。そうなると**「自分に必要な情報を選ぶ力」**がとても必要となってきます。

今は昔と違って多様性が認められつつあり、たくさんの選択肢が私たちには与えられています。それはとても幸せなことです。

これまでどれだけたくさんの方が不自由な選択肢や枠の中で苦しんでこられたことでしょう。愛する人と一緒になれなかったり、人間としての存在を否定されたり。

「私たちは今よりももっと自由でありたい！」

「自分以外の人にこんな悲しい思いをしてほしくない！」

そう人々が強く願ったから、現代はそういった社会へと急速なスピードで変化をしていっているのです。

しかし、選択肢が増えるということは、私たちにとってデメリットもあります。それは「どれを選んだらいいかわからなくなる」という迷いが生まれることです。何を選んでも正解であり、何を選んでも不正解ではないからです。

自分が何を大切に思い、何を選ぶか。
自分にとっての正解や答えは自分自身で見つけて、決断していくしかないのです。

一昔前は、「女は結婚したら家事育児は当たり前。いい母であり、いい妻でもあること。それこそが女にとっての幸せだ！」とだいたい決まっていました。みんなそこを目指せばとりあえず安心はできました。安心はできたけど、本当に幸せかどうかは……本人にしかわからないのです。

これからは、女性の在り方も、家族の在り方も、社会の変化に合わせてどんどん変化していきます。

「家族のために尽くすのが当たり前」から、「自分の才能を活かして輝くのが当たり前」、**家族みんながそれぞれの夢を応援し合い、支え合う**という形に変化していくでしょう。

家電の進化に伴い、誰でもできる家事はＡＩに任せ、自分にしかできないことに時間を使うようになっていきます。人口減少による労働力不足の対策としても女性の本来の才能を活かす。これは女性が社会にいい影響を与えるために必要不可欠なことです。結婚や出産、仕事、なんでも自分で選んでいいのです。

「自分にとって何が一番大切なんだろう？」「自分はこれからどうしていきたいのだろう？」

こういった自分軸を明確にしていると、これからどんなことがあなたの人生に起こったとしても、必ず**あなたの道を照らす光になってくれます**。

自分軸があれば恋愛も仕事も人間関係も思いのまま♡

「こんな仕事をしてみたい」

「こんなライフスタイルを送りたい♪」

「気の許せる素敵な仲間に囲まれて過ごしたい！」

人生におけるこのような希望も、自分軸がはっきりしているとすべて叶います。

自分軸のある人は言葉と行動に一貫性があるので、まず自分自身を常に信頼できています。その自信が他の方へもオーラとなって伝わり、信頼される人へとなっていくのです。

どんな場面でも常に、「自分はどうしたいのか？」という自分の素直な声に気付くことができているので、臨機応変に目的に合わせた選択ができるのです。

これは自分の意見をなりふり構わず言って押し通す、ということではなく、目的に応じて自分が一歩引くこともできるということです。

「自分はどうしたいのか？」が明確なので、自分の頑張りどころ、ここぞというときのタイミングを逃さず、適切なタイミングでしっかりチャンスを掴むことができ、みんなを引き立てて幸せにすることができるのです。

私のクライアントさん（以下Aさん）のこんなエピソードがあります。

とあるプロジェクトの人員配置を上司と同僚3人で決めることになったとき、上司が「どこをやりたい？」といきなりみんなに聞いたのです。

同僚2人は突然の質問にビックリした様子で無言になりました。しかしAさんは即座に「○○をやりたいです」と答えました。

結果はお察しの通り。Aさんはその場で希望のポジションを手に入れました。だって上司はその場ですぐ決めたかったのですから。

同僚2人は、希望してはいなかった残ったポジションを、なんの疑いもなく受け入れたそうです。

Aさんは「自分はこうしたい」を明確に持っていたから、即座に適切なタイミングで発言することができ、やりたいポジションを手に入れたのです。そして、「やりたい！」という気持ちは創造的な結果をもたらすので、取り組む段階から楽しくできて、もちろん成果もAさんが一番上がったそうです。

同僚2人は「自分で決めていない」ので取り組む姿勢が受け身になり、それなりの成果だったそうです。

Aさんは特別能力が高いから成果が出たのではなく、自分自身の「自分はこうしたい」を大事にして、取り組む姿勢を変えたから成果が出たのです。

おまけとして、「Aさんと一緒だと楽しく仕事ができる!」と部下にも慕われるようになったそうです。

これは恋愛でも同じです。
「好きな人とラブラブになりたい♡」
「素敵な人と結婚したい♡」

愛すること、愛されること。女性にとってはとても大切な永遠のテーマですから、それは憧れますよね!

確かに仕事は自分軸があれば上手くいきそうなのはわかる……でも恋愛って相手次第なところもあるでしょ?? どうして自分軸があれば上手くいくと言い切れるの?
という声が聞こえてきそうですね(笑)。

それは……恋愛でも**「自分はどうしたいのか？」**、これが最も大切だからです。

自分はどうしたいのか？　が明確だとすぐ行動に移せます。彼にフラれたら……嫌われたらどうしよう……より、まずどうしたいかがわかっているので、関心を持って話しかけるなり、連絡先を聞くなり、さりげなくデートに誘うなり、必ず行動に移せるのです。

私たちは「自分はこうしたい」がわかっていれば行動せずにはいられないのです！行動して上手くいかなくても、やらなくて後悔するよりは格段にいいです。私の体験談としてもそこは自信を持って言えます。

そして恋愛はお互いの気持ちがぴったり合うタイミングがすべてなんです。1回トライして諦められるくらいなら逆にいいじゃないですか（笑）。それほどの思い入れはなかったたってことです。諦められないのであれば、もう1回トライできるよ！　というサインです。

しかし、相手の気持ちを無視して思いをぶつけろという意味ではありません。それは逆効果です。

恋愛で上手くいかないとき、こう自分に問いかけてみてください。

「彼と両思いになることで自分はどうなりたいの？　何を手に入れたいの？」って。

たとえばその答えが、

「彼と一緒にいることで幸せな気持ちになって、ほっこりできる♡　安らぎが欲しい♡　そしたら毎日楽しいなぁ♡」

だったならば、彼にその気持ちを与えてもらおうなんてせず、自分自身の手で与えてあげてください。そんな気持ちが味わえるよう行動してみてください。

・自分が幸せな気持ちになるのはどんなときだろう？
・何をしたらほっこりする？
・どんな場所で何をしたら安らげる？

誰かが何かをしてくれなくちゃ幸せになれないなんて、一体いつまで待てばいいの？　って感じだし、楽しくないですよね！

何より、時間＝命ですから時間がもったいないです。今ここで自分を幸せにしちゃいましょう！　あなたがあなた自身の手で自分を幸せにする手段を知っていれば、いつでも自分で自分を満たすことができるのです。

そんなあなたは誰が見ても魅力的に見えるでしょう。結果、彼があなたを見直すかもしれないし、キラキラ輝くあなたを見て、さらに素敵な人が現れてくれる可能性があります。

それをどうするかもあなた次第。あなたの中に答えがあるのです。

そんな素敵な男女の出逢いすら自分軸からスタートしているのです。

いつも素敵な仲間に囲まれて過ごしたい♡

今ではたくさんの人と関わる仕事をしてそれを思いっ切り楽しんでいる私ですが、かつてはとても人見知りでした。

それを表には出さないようにしていたので、人と会うときは相手に合わせたり気持ちが張り詰めていたり……家に帰るとぐったり……1人の時間が何よりホッとできる。でもやっぱり寂しくて……というサイクルでした。

1人になりたい、でも1人は寂しい……そんな状況を脱したのも自分軸に向き合ったからです。

「自分がこうしたい！」を明確にしてから自分の発言に自信が持てるようになったのです。

それまでは「こんなこと言って否定されたらどうしよう」「変な子って思われたらどうしよう」と思って自分の素直な気持ちを言えずにいました。

他人の意見に合わせて自分の気持ちとは反対の行動を取ってしまうこともよくありました。

ですが、自分の本音と向き合ったとき、「誰になんと言われてもいいや。だって自分以外の人が、私の人生の責任を取ってくれるわけではないんだから」と思ったのです（笑）。

自分の本音がわかると発言に自信がつき、どんな相手にも自分の気持ちを素直に伝えることができるようになりました。

「この人と話してみたい！」と思った人には積極的に話しかけることができるようになりました。**どんな相手であろうと私の意見が変わることはないので、「いつもの私」**

で接することができるのです。

それが「生意気だ、失礼だ」と言われることもあるかもしれません。ですがそれは受け取る相手が感じることなので、私にはコントロールできないのです。

ですから、「そんなあなたがいいよ！」と言ってくださる方しか私の周りにはいません（笑）。それ以外の方はありがたいことにスーッと静かに去っていくのです。

子育ても、夫婦関係もすべて一緒です。

「こういうふうに育てたい」「こういうパートナーシップを築きたい」。そういう思いが自分にあって初めて自信を持って取り組めるのです。同じように子供にもパートナーにもその思いはもちろんあるのです。

「私はこう思うのだけど、あなたはどう思う？」。そうお互いがコミュニケーションを取れるようになれば、話し合いで問題が解決し、お互いに気持ちよく過ごせるのです。

相手のすべてをわかろうなんてしなくていいのです。自分が理解できるところだけわかってあげればいいのです。その代わり、理解できない部分の批判や否定は絶対しない。それもすべてひっくるめて相手であり、だからこそ、こうしてここに存在してくれているのです。

相手そのものの存在は受容する、理解できないことは否定しない。

自分軸を明確にすると、自分を大切にするということを通し、相手も大切にできるのです。この世界には77億の人が住んでいて77億個の自分軸が存在している。そのことが理解できたらこの世に敵なんて本当はいない、自分が創り出した幻想であると気付けるでしょう。

自分軸は全世界をあなたの味方にしてくれるのです。

自分軸とは【価値観】と【ビジョン】

自分軸とは今のあなたが持っている【価値観】と【ビジョン】です。

【価値観】とは自分がいいと思うことや、無条件で心の底から好きなこと、自分にとって価値があると思うことです。どうしてもやってしまうこと、これだけは譲れないという、理屈では語れないくらい思い入れが強いもののことです。

【ビジョン】は未来に対しての希望です。

「こうしたい、ああだったらいいのになぁ」というあなたの憧れや願望です。

何かを成し遂げたいとか、こうなりたいとか、わかりやすい形とか大きいものではなくても、日常のささやかな希望など、それが自分の幸せだと感じるならば、それがあなたの【ビジョン】です。
「こんなくだらないことでもいいの？」「こんな小さなことでもいいの？」と思ってしまうこともあるかもしれませんが、それがあなたの大切にしたいことであれば、あなたの大切な【ビジョン】なのです。

【価値観】＝自分が本当に大切に思うことと、【ビジョン】＝どう進んでいきたいか？　が合わさったときに自分軸となり、あなたの人生の道標となるのです。

自分軸とはあなたの人生の光であり地図なのです。

自分軸は行動、経験を積み重ねていくと変わってもいきます。確立はできるけど永遠に確定はできません。
自分が生きている以上、【価値観】は経験によって変わっていくこともあるし、【ビジョン】も状況によって変わって当然です。

「私の自分軸はこうだから、こうしなければならない」ということは、一切ありません！

自由に生きるために大切にしたい自分軸を、「〜ねばならない」という考え方で縛ってしまっては本末転倒です。

「〜ねばならない」「〜すべき」という考え方は選択肢を少なくしてしまいます。本来私たちは何を選んでもいい時代に生まれているのですから、自分で自分の可能性に制限をかけてしまわないようにしましょう。

あなたはあなたが思っているより、もっとも一っとすごいんです。

自分の才能を最大限に発揮して活かし、思いっ切り自分を表現して、生きてください！

この本を読んでいるあなたなら必ずできます。できるからこの本に出逢っているのですから。

悩んだり、迷ったり、モヤモヤしたりするときは自分軸ではなく【他人軸】【世間軸】になっているかも？

「○○さんがこうしろって言ったから」「親が大学くらいは行けと言ったから」などは他人が軸になっている考え方です。

それが自分の本心と同じ場合は問題ないのですが、違う意見だった場合とてもモヤモヤしますし、その結果が自分の望むものとは違った場合、「あなたがこう言ったからそうしたのに！　どうしてくれるの!?」とその人を責めてしまうという事態になります。自分の人生の決断を人任せにするほど怖いものはありません。

私に言わせると悪魔に魂を売るレベルの危険行為です！　ずっと誰かのせいにして生きるって、言うほうも、言われるほうもとても苦しいですよね……。

誰かのせいにしたってその時間は絶対返ってこないし、責任を押し付けた時点であなたの成長はありません。厳しいことですが、**自分で責任を取らない限りは前に進めない**のです。

今、あなたの中で誰かを責める気持ちはありませんか？　もし思い当たることがあれば、なぜ許せないのか、自分の気持ちに真正面から優しく向き合ってあげてみてください。

「普通はこうだよね」「みんながやっているから」という考え方は【世間軸】です。

世間とはこういうものだ、だからこうするべきだ、という自分の思い込みが軸になっています。

「大学くらいは行って、いったん企業に入るのが普通だよね」「ママなんだから、いつも家にいて子供たちのお世話するのは当たり前だよね」など。

自分が当たり前だと思って疑わずにいると、とても視野が狭くなってしまいます。

それはとってももったいないことです。

私たちは、**誰かや世間のために生きているのではなく、自分のために生きているからです。**

自分のために生きるって、わがままで自分勝手で傲慢に聞こえるかもしれませんね。ですが自分のために生きることが、結果、自分の大切な人や誰かのためになるのです。

周囲の人は自分の鏡です。自分の人生を思いっ切り楽しんで生きていれば、周りもそのように自然と変化していくのです。

自分の得意は誰かの苦手、誰かの得意は自分の苦手。それぞれが自分の人生を生き、才能を発揮することができたら、これが本当の【調和】だと私は考えています。

誰かや周りに合わせることが調和ではありません。それだと必ず誰かや何かが犠牲になってしまいます。

犠牲は犠牲を生み、我慢は我慢を生みます。それがやがて大きな問題となってあなたの前に現れるでしょう。

ですから、【他人軸】や【世間軸】の考え方になっていないか、ときどきチェックしてみてください。

考え方の癖はすぐには直りませんし、無意識でしてしまうものです。

誰もあなたの心はチェックできないのですから、自分自身でチェックして気付いてあげることが大切です。

自分の【価値観】や【ビジョン】を誰かと比べたりしなくていい

みんなは私よりこんなにすごい【価値観】を持っているのに「私はこんな程度でお

かしいのかな〜」とか、みんなの【ビジョン】は大きいけど「私のは小さいから恥ずかしい」といった比較は一切いりません。

自分のサイズでいいのです。今の自分のサイズでできること、考えられること、いいと思うことをやっていくだけでいいのです！

でもね、ついつい比べてしまう……そういう自分が出てきてもいいんです！　そんなときは「比較しなくてもいいんだった」と気付けばいいのです。

一歩引いて自分を見てあげて、「そうだった、そうだった♡　比較はいらないんだ♪」と気付くことができ、日々体験を通して、「この考え方をしなくていいんだった」ということを繰り返していけばいいのです。

何度も何度も繰り返しトレーニングしていけば、人と比較する癖は直っていきます。筋トレと一緒です！

そして**自分軸を無視して、何者かになろうとしても上手くいきません。**

ですが、今の自分と違う自分になりたいのであれば、敢えてそれをやってみたらいいと思うのです。

実際に体験することで「違った、こっちじゃなかった！」「じゃあどう進んだらいいのか⁇」が身体でわかるのです。頭で理解したものより、体験を通して理解することのほうが、フルに自分の身体の感覚を使い、染み渡るからです！

リアルな体験からくる言葉は重みが違いますし、いつどの瞬間でも自分の言葉として話したり伝えたりすることができるでしょう。

私も何度「自分以外の何者か」になろうとしたことでしょう（笑）。そのたびに挫折し、悩み、またトライし……これを繰り返して今の私があるのです。

私はいつでも「ここにいた」、そのことにやっと気付いたのです。だからこうしてこの本を書くことができ、自分を生きるということの尊さをお伝えできるのです。

注意！　周りの影響で本来の自分とは違う【価値観】【ビジョン】が刷り込まれている可能性がある

クライアントさんのお話を聞いているとき、「それって本当に心からそう思っていますか??」と感じることがよくあります。

口ではそう言っていたとしても、身体は正直ですからね。実際に行動に移せていなかったり、言っていても苦しそうだったり……。

今まで自分が過ごしてきた環境、関わってきた人、その人たちの考え方、テレビや雑誌で一般的と言われる常識……そういうものがかなり影響して今の自分の考え方を作っています。

ですが、常識や当たり前と言われることは、実はとてもぼんやりとしたものです。

それは、これまであなたが「世の中ってそういうものだ」という受け身で生きてきた、ということでもあるのです。

思い当たる方は素直に認めちゃいましょう！（笑）でも大丈夫。これからは受け身ではなく、自分で自分の未来を切り拓いていくという創造的な生き方しかできなくなりますので。

たとえ周りから見て「それ、素敵！」と思わないようなことであっても、周りから理解されにくいものでも、あなたが「コレ！」と思うものを大切にしてください。別にそれを公にしろ！　なんて言いませんし、自分の心に大切にしまっておいてもいいんです。誰になんと言われようと、心だけはいつだってあなたの自由なのです。あなたの心はあなた自身で大切に扱ってあげてください。綺麗な自分でなくてもいい。真っ黒い自分がいてもいいじゃないですか。それもひっくるめて本当のあなたです。

自分の【価値観】【ビジョン】を打ち消さずに、自分自身が一番はっきりと認めてあげて理解してあげればいいのです。自分が自分の唯一無二の最高のパートナー！とことん自分を愛し抜いてあげましょう。

あなたは世界にたった1人しかいないのだから。たった1つって本当にすごい価値があることです。

このたった1つを授かったとびきりの奇跡を無駄にせずに、さらなる奇跡を起こし続けて幸せを創っていきましょう。

自分の本当の【価値観】を見つけるにはどうしたらいいの？

自分の【価値観】って一体何なんだろう……と思いますよね。【価値観】は**自分の**

ルーツを探れば気付くことができます。

今までやってきたことを振り返ってみてください。小さな頃、時間を忘れて夢中になってやっていたことや無意識にやってきたこと、学生時代、お金をもらわなくてもやってきたこと、部活、ボランティア、誰かのお手伝いなど。

ノーギャラで自然にやっていたもの、苦労しなくてもできること……それらを見ると、その中に自分の**【価値観】**が隠れています。

自分の本当の【ビジョン】を見つけるにはどうしたらいいの？

自分のこれからの未来についてとことん考えてみましょう！

「これまでの自分がこうだったからこれくらいかな～」「自分はこの程度しかできな

いだろう……」など、過去の延長線上で未来を考えるのではなく、「今の自分」がこれからどうしていきたいのか？　ということにフォーカスしてください。

1秒前の自分などもうどうでもいいのです（笑）。

今、ここで、自分はこれからどうしていきたいのか？　それを常に自分に問いかけるのです。

エピソード

ハマトモが、自分軸が人生を生きる上で何より大事！　ということに気付いた理由は……。

とことん【他人軸】【世間軸】で生きてきたからなんですね（笑）。

【他人軸】【世間軸】で生き、「こんなはずじゃなかったのにー！」ともがき苦しんで、自分を否定しまくって、とことん落ちて、そして自分を大切にすることをやっと学んで、でもそれでもまた【他人軸】【世間軸】になって、苦しんで、また自分を大切にすることがやっぱり大事なんだと気付いて……。そんなサイクルを何度も何度も繰り返しての今なのです。

私は小さい頃から自分というものが本当にわかりませんでした。私は「なんで生きてるんだろう、なんのために生きてるんだろう」ってずっと疑問に思っているような子でした。

3人きょうだいの末っ子で、それはもう可愛がられて（甘やかされてはいないってところがポイントなんですが。笑）、上2人を見て要領よく育っちゃったわけです。

こうすれば親や先生から怒られないとか、こうすればみんなに褒めてもらえるとか、これくらいやっておけばいいかなとか。そんなふうに人の顔色を窺いながら学生時代を過ごしていました。

成績はよくなかったけど、特別悪いというわけでもない中の下くらい。部活だって、すごくやりたい！　って思ってたわけじゃないけど、内申とか考えるとやったほうがいいよなぁとか。生徒会活動も内申のためにやっていたし、ほんとすべて受け身で物事を考えていました。

何より「とにかく怒られたくない、失敗したくない」という気持ちが一番で「これがしたい」という自分の本当の気持ちは後回しで、気付いてすらいませんでした。

ですが……高校2年の後半になり、いよいよ自分の進路を考えなくてはいけなくなってきました。

初めは、親も先生も快く「それいいね！」って言ってもらえるような、ありきたりな職業を言っていましたが、そんな自分に当時ものすごい違和感を抱いたんです。「ほんとにそれでいいの？　それで私は幸せになれるの？」って。

数ヶ月自問自答していたときに出逢ったのが、国語の教科書にあった『山月記』という物語。

これを読んだときに、当時17歳だった私は超衝撃を受けました。

だってそのストーリーは、自分の心に嘘をつき続けて生きるものはもはや人ではない、人という殻を持った獣だ、というメッセージだったからです（当時の私はそう捉えました）。

「このままではダメだ！　なんで自分の思いを後回しにしてしまったんだろう！　自分の人生なのに！」と突如吹っ切れたのです。

そのとき、即脳裏をよぎったのは、小学校5年のときに見た『プチセブン』というファッション雑誌の1ページ。「メイクアップアーティストお仕事1日レポート」という記事でした。

幼い頃から5歳上の姉の影響でオシャレや美容が大好きな、かなりませた小学生でした。

その記事を見て、そのカッコよさ、華やかさ、好きなことで人の役に立つということに憧れ、こんな大人になりたいな〜と思い、それから何年もその雑誌を大切に持っていました。

だけど中学生になってどこか冷め、現実的になってしまって、「そんなの叶うわけない。こんな田舎に住んでる私が、こんな華やかでかっこよくて素敵な仕事なんて絶対無理だ」って思って捨ててしまっていたんです。

友達や家族にも「無理に決まってるじゃん」って言われるのが怖くて、バカにされるのが嫌でずっと心にしまっていました。

今思えばきっとそんなことはなかったのだと思うけど、当時は本気でそう思っていて、誰かに相談するというところまで至らなかったのです。

吹っ切れた私は、親や先生に「メイクアップアーティストになりたい」と伝えました。

周囲は初めは驚いていたような気がします。

「メイクアップアーティストじゃなくて、国家資格の美容師免許を取って美容師になったほうが……」とさんざん言われたのを覚えています。でも、もうスイッチオンな私は行きたい専門学校を決め、親も説得し、承諾をもらい、無事入学することができたのです。これが人生で1回目の私が私に正直になった瞬間でした。

当時あの本に出逢い、衝撃を受けたのは、それが本当の「**自分自身の声**」だったからだと今ではわかります。

17歳だった私がそのときの【価値観】と【ビジョン】を見つめ、大事にしたことが、こうして自分の道を照らす光となったのです。

自分の人生は自分で決める。決めたことには自分で責任を持つ。誰のせいにもできないと。

とはいえ、上手くいく自信があったわけではなく、気持ち的にも経済的にも不安がいっぱいでした。でも、「自分で選んだことだから、どうなっても自分でできるところまでやり切ろう！」と自分で自分を励まし続けていました。

傍から見ると、全然そんなふうに見えなかったらしいんですけどね（笑）。当時は弱みを見せるのは恥ずかしいことだと思っていたので、かなり強がっていましたね！

本当に若かったです（笑）。

今思えばあの状況は、きっと親のほうが不安だっただろうなと思います。引っ越しの日どりを決めるとき、母が縁起のいい日を提案してくれたのに、当時の私は縁起とか、そんなもの一切信じていなかったので、「縁起のいい日とかどうでもいい！ いつ引っ越しても一緒なんだから!」と言い放って母と喧嘩したのを覚えています。

「親の心、子知らず」とは正にこのこと。私も中学生になる娘を持つ親として、親心は最近やっと理解できるようになりました(笑)。

高校卒業後、18歳で専門学校に入学し、19歳で晴れてヘアメイク部門の担当としてヘアサロンに就職することができたのです。17歳でこの決断ができたこと、させてもらえたことは、今の私を形成した大きな出来事で、私の誇りであり財産なのです。

〈魂を覚醒させる自分軸ワーク〉

自分の歴史、未来を書き出していこう

月　日

■ 0歳～

■ 10代

■ 20代

■ 30代

■ 40代

■ 50代

■ 60代

「どんなことをしてた？」「そのとき楽しかったことは？」「後悔してることはある？」「そのとき悲しかったことは？」「そのときの家族との関係は？」「これから先どんな自分でいたい？」

あなたの人生の目的は?

月　日

■ もし、時間、お金、年齢、性別、その他条件すべてクリアし、なんの制約もなくなんでも好きなことができるとしたらあなたは何がやりたいですか?

■ なぜそれをやりたいのですか?

■ 自分が亡くなるとき、どこで、誰にそばにいてほしいですか?

■ 自分が亡くなった後、どんな人だったと言われたいですか?
残したいものはありますか?

■ あなたがこの世に生まれてきた意味は何だと思いますか?

■ 自分の人生が1つの映画だとしたらなんという題名をつけますか?

■ 書き出してみた感想は?

なりたい自分をイメージしよう！①

月　　日

■ どんな自分になりたいですか？

■ 内面は？

■ 外見は？

■ どんな毎日を送りたい？

■ 憧れの有名人は？

■ なぜその人に憧れるの？

■ 書き出してみた感想は？

なりたい自分をイメージしよう!②

月　日

■ 理想の働き方は?

■ これだけは絶対にイヤ!　という働き方は?

■ 理想の人間関係は?

■ これだけは絶対イヤ!　という人間関係はどんなものですか?

■ 理想のパートナーシップは?

■ これだけは絶対にイヤ!　というパートナーシップは?

■ 書き出してみた感想は?

I'm the main character of my own life

人生の主役は私

この物語を最高のものにする

自分自身のチカラで

hamatomo coaching

第2章

魂を覚醒させる②

モヤモヤ解消の特効薬は行動！

好きなことにとことん取り組もう

今あなたに好きなことややりたいことがあれば、それについてとことん取り組んでみてください。時間を忘れて夢中になれることや、お金にならないとしてもついやってしまうことなどありませんか？

好きなことは周りになんと言われようと、ついついやってしまいますよね。やらずにはいられませんもんね（笑）。

好きなことにとことん取り組んでいるとどうなるかと言うと、**意識しなくても勝手に心が強くなります。**

だって、誰かに「やめろ」と言われたってやめられないのですから、それを繰り返すうちにいつの間にか心がトレーニングされて、立ち直るまでが早くなるのです。

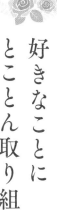

例えるなら、長距離は走れば走るほど筋肉が付き、走るコツもわかり、タイムが上がりやすい。心もそんなイメージです。

何度も何度も繰り返すことで強く、そして早く立ち直ることができるのです。

そしてとことんやり切ると、「ここまでやったんだから」「これ以上できることは見つからない」という状態になり、後悔がないのです。

後悔を残す、ということは意識が【過去】にある状態です。

どういうことかと言うと、あなたは【今を生きているようで実は過去を生きている】という状態なのです。それではあまりに時間がもったいないです！

過去からは今の自分に必要なものだけ学び、取り出し、それだけを持って未来に活かしていけばいいのです。

あなたは過去を生きているわけでも、未来を生きているわけでもなく、いつでも【たった今】を生きているのですから♪

好きなことややりたいことが見つからない場合は『できること』をとことんやろう

では、好きなことや、やりたいことが見つからない……そんな場合はどうしたらいいのか？

それは、**あなたの『できること』をとことんやってみてください。**

頑張らなくても自然と『できること』はあなたの才能で、頑張って身につけた『できること』はあなたの能力です。

どちらでも構いません。とにかくそれをとことんやってみましょう！

『できること』すらない……わからない……という場合は、今、目の前にある『やるべきこと』をとことんやりましょう。

もしあなたが新人ＯＬさんだったとしたら、コピーや資料の準備、買い出しなどが、あなたの『やるべきこと』かもしれませんね。

コピー1枚取るにしても、「このコピーは誰が、なんのために使うのか？」「どのようにに用意しておけば喜ばれるのか？」など考えを巡らせてみましょう。

そうすると様々な『できること』があります。それを**行動に移してみましょう**。

言われたことだけをするのではなく、あなたのやるべきことについてとことん考え、行動してみましょう。

そうすることで、今まで気付けなかったことが気付けるようになるでしょう♪

そして、いつの間にか周りから信頼され、放っておけない存在となっていくのです。

目の前のことにとことん取り組める力は、組織の中でも、個人で仕事をする場合でも、必ずあなたの味方になってくれます。

自分自身を知ることにとことん取り組もう

自分自身を知ることに、とことん取り組んでみましょう！

・自分は何が好き？
・自分の苦手なことは何？
・どんなことに喜びを感じる？
・何億円積まれたとしても絶対譲れないものは？
・これまでどんな体験をしてどんなことを感じてきた？

このような内面的なものにも向き合ってみましょう。もしかしたらあまり思い出したくないことや、「自分ってダメだなぁ」という思いも出てくるかもしれません。

ですが、**忘れたフリや目を背けたりせずに、しっかりと向き合ってみてください。**

きっと何か気付けることがあるはずです。


そして客観的に「自分はどう見られているのだろう？」という点も知りましょう。

【自分が思う自分】と【他人が感じるあなた】には必ず相違点があるのです。

その相違点をただそのまま受け入れましょう。

「へー！　そう見えている人もいるんだ！　なるほどねっ♪」くらい軽くてOKです（笑）。

「こんなふうに見せたい！」というイメージ戦略を意識的にやることはできても、それに対する感じ方、受け取り方は、相手の状態次第なのでコントロールできません。

ですので、**どんなふうに見られたとしても落ち込んだりする必要はないのです♪**


それから最後は外見にも向き合ってみましょう！

全身が映る鏡で頭の先から足の先まで、すべて真っ直ぐ見つめて【ただそうである】と受け止めましょう。

好きになれない部分があっても、今すぐにその部分をブチッと引きちぎることはできませんよね。

その部分も含め、すべて【あなた】なのです♡

・なぜその部分が嫌なの？
・どうやったら好きになれるんだろう？

そうやって鏡の中の自分をただ真っ直ぐ見つめて、とことん対話してみてください♡

仕事についてとことん取り組もう

目の前の自分の仕事にもとことん取り組んでみましょう。
どんな小さい仕事でもとことんやってみましょう！
今あなたが雇われているのならば、その時間、精一杯やりましょう。

それでも仕事のモチベーションが上がらないときは誰にでもあります。
そんなとき、私は創業者になりきって考えるようにしていました（笑）。

「どんな思いでこの会社を作ったのだろう？」
「なぜこんな商品を開発できたのだろう？」

勝手な想像の範囲でいいんです（笑）。

ほわわわ〜ん（妄想始め）。

「創業するって本当大変だったよね、でもわざわざ大変な道を選んだってことは、きっと、この商品で誰かを幸せにしたい、役に立ちたい、そんな純粋な思いだったはず……ここまで会社を大きくしたのも、たくさんの人に働いてもらうことでその人たちを幸せにするため……だとしたら、ありがたいなぁ……私も頑張ろっ♡」

ほわわわ〜ん（妄想終わり）。

って思うわけです。

あくまで勝手な想像なんですけどね！

その人になり切って考えることで、自分の視点だけでなく、高い視点から物事を捉えることができ、**自分の情熱ポイントにヒットしたとき、やる気スイッチがオンになるのです♪**

大切にしたい人間関係にとことん取り組もう

① 恋愛関係〜とことん向き合うことで違いを楽しむ♪

もしあなたに今恋人がいるなら、とことんその人を愛しましょう♡
「彼が愛してくれるなら、自分も愛する」「彼が私のために何かしてくれるなら、自分もやる」ではなく、いつでも自分から愛を送りましょう♡

付き合っていくと、共通点から「素敵だなぁ」と思っていた部分よりも、自分とは違う部分、嫌な部分、受け入れられない部分が見えてきます。

が！　ここからが本当の勝負です♡

とことん、その違いと向き合うのです♡

彼の「ここが嫌だ！」「絶対受け入れられない！」という部分を責めたり否定したりするのではなく、その違いを楽しんじゃうのです！

人は不完全が完璧なのです。だからこそ、それを補い合うために誰かと一緒にいるのです。

彼は自分にはないものを持っていませんか？

彼との関係を通して、他者との違いを学び、そして自分を知ることができるのです。

彼との関係が微妙になったときこそ、学びのチャンス♡

男女の考え方の違いを楽しみましょう！　そして本音で話してみましょう！

お互い本音で向き合え、受け入れ合えたとき、さらに2人の絆は強まるでしょう♡

そしてとことん向き合って、それでも関係を続けることが難しいのであれば、別れを選択すればいいのです。

それをやり切った2人は、必ず素晴らしい新しいスタートが切れるはずです。

遠慮せず、アクセルベタ踏みで、とことん愛し抜きましょう♡

②職場の人間関係〜目的は何??

私の考えるすべての人間関係に関する大前提は、「他人と自分は違って当たり前」「わかってもらえなくて当たり前」なのです。

ですので、気の合う人と出逢ってしまった日には、「超ラッキー!! 生きててよかったー!」と飛び跳ねたくなる気持ちになるのです（笑）。

上司と気が合わない――当たり前（笑）
同僚と気が合わない――当たり前（笑）
部下と気が合わない――当たり前（笑）

まず目的を明確にしましょう。

職場の人間関係は、「仕事」という共通のテーマがあってこそ出逢っている人たちなのです。

あなたがまず取り組むべきことは「仕事」です。

その仕事でいかにして成果を出していくか……を考えたときが、やっと上司や同僚、部下と、とことん向き合うときなのです。

成果を出すという目的のためにとことん向き合うときは、相手の人格を否定したりすることは一切必要ありません。

それぞれが自分が任された部分でベストを尽くす。時には、取り組んでいる内容そのものについて意見しないといけないときもあるでしょう。

それを乗り越えた先に本当の信頼関係が生まれるのです。


職場の人間関係に悩んだときは、「その人と関わる目的は何？」「自分はどうしたいの？」と自分に問いかけてみてください。

そこに自分にとってマイナスになることしかないのであれば、すぐさまその人から離れましょう。


マイナスな人間関係に時間を使うほど、人生長くはないですよ♡

③その他～親子関係、女友達、ママ友

無理なく、自分が心地いい距離感でお付き合いすれば何も問題ないのです♪

あらゆる人間関係に悩んだときは、

「一緒にいて自分らしくいられる？」

「お互い成長できてる？」

「その人と一緒にいるときの自分が好き？」

この3つを自分に問いかけてみてください♡

エピソード

「とことんやる」。これは高校生のときに身につけたもの。

私が通っていた高校は町内にある定員割れの学校で、とにかく生徒が少なかったのです。

中学生のときは、兄が入っていた剣道部になんとなく入り、全然真面目に練習せず、かろうじて初段だけは取得して引退。

高校でも真面目に部活をする気がなかった私でしたが、1年の担任の先生がバレー部の顧問だったので、冷やかしがてら「バレー部の体験」に行くことになりました。

本当に私ってバカだなぁと思うのは、体験に行きそのままうっかり入部してしまったのです（笑）。

部員は中学からすでにやっている人たち。

その中で、高校からバレーを一から始めるという無謀な挑戦をスタートさせてしまいました。

案の定、中学でさほど動いていなかった私は、みんながこなすトレーニングメニューに付いていけず……。

先生から「1人で運動場走り込んでこーい！」と言われ、黙々と1人で走り込みをする日々でした。

悔しいと言うより、笑えてきましたね、自分のダメ具合とバカさ加減に（笑）。

「一度決めたことだし、引退までというゴールを決めて最後までやり切ろう」

その思いだけで最後まで続けました。

引退までいろんなことがあり、メンバーの退部や、新しいメンバーの加入、そして最終的には、入学当初から入部していたのは私だけという理由で、キャプテンに任命されるという驚きの展開に……。

キャプテンに就任したプレッシャーもあって、とにかく一生懸命やりました。

朝練に誰よりも早く行って、1人で壁打ちをして自分の技術を磨く時間に。夕方の部活時間はチームのことを中心に考える時間に。

一生懸命にやりすぎて周りが見えてなく、同級生から「相談しづらいオーラだった」と言われた苦い思い出もあります。

正直すごくショックだったのですが、裏を返せば「それだけとことんやってたってことだな」と思うのです。

だから引退が決まる最後の試合は、1回戦負けでしたが妙に清々しく、そしてホッとしたのを覚えています。

とことん向き合い、やり切ったからこそ後悔も未練もまったくなかった。

この経験から、１つのことにとことん向き合うことはとても大事なことであると学んだのです。

You will find the answer after working on it

取り組んだ先に答えがある

この物語は現在進行形

私は「たった今」を生きている

第3章

魂を覚醒させる③

失敗も成功も〝マイ経験バンク〟に貯めていく

夢を叶えて自分らしく生きる！
経験は未来の自分へのプレゼント♪

私たちは1人に1つずつ身体を持っています。

それについて私はこう考えています。

「この身体をフルに使って自分で自分の夢を叶えていくのが人生というものだ」と。

しかし、行動したほうがいいと頭ではわかっていたとしてもなかなか動けない……

という人がほとんどなのが現実です。

ではなぜ行動できないのでしょう？

それは「わからない」からです。

成功するかも、失敗するかも「わからない」からです。

人間はわからないものに対して本能的に恐怖を抱き、拒絶してしまう生き物です。それは、昔はそのわからないものが自分に与えるリスクが生死に関わるものだったからです。

年配の方が若い人たちに対して「近頃の若い者は……」と毒づくのも、シンプルに「わからない」からです。

自分と違う価値観を持った人にどう接すればいいのかわからない、今まで自分が大切にしてきた価値観をひっくり返されるかもしれない、という恐怖心が働くからです。それが拒絶、批判というような行動や発言に繋がるのです。

ですが、「わかる」と人は安心し、行動することができます。

安心な状態で、初めて人は思い切った行動に移れるのです。

私がなぜこうしてたくさん行動し夢を叶え続けることができるかと言うと、**「すでにわかっているという安心感」**があるからです。

「まだやってもいないのに、結果が出る前になぜ、わかるって言い切れるの？」と感じられるかと思いますが……。

一体何がわかっているかと言うと、

「チャレンジはすべて私の経験になり、どんな結果だったとしても未来の自分へのプレゼントになる」

ということがわかっているのです。

そして「まあ、どうなっても大丈夫♪」という安心感からくる行動が、実はいい現実をもたらすのです。

失敗も「失敗を経験できた」という成功体験

私が行動できる理由のもう1つに、私には失敗がないと知っているからです♪

失敗って一体何なのでしょうか？

辞書で調べると、

【やりそこなうこと、目的を果たせないこと、予期した効果をあげられないこと、しくじり（三省堂『大辞林』第三版より）】

だそうです。


私はいつもこう考えるのです。

「やりそこなったという経験ができた、だからこれは成功♡じゃ、この次どうしようかな？」

「目的を果たせなかったという経験ができた、だからこれは成功♡じゃ、この次どうしようかな？」

いつもこの思考パターンなので、すべての失敗が「失敗できたという成功体験」なのです！


成功体験の積み重ねが「私ってできる！」という自分自身への信頼になるのです！

どんな状況でも、誰と会うときも、

「何があっても、どっちにしろ成功だもーん♪」

といつも思っています。ふざけているようですが私は至って真面目です（笑）。

行動することで五感すべてを使い〝マイ経験バンク〟へ体験を貯めていく

〝マイ経験バンク〟とは私が作った言葉で、**自分が経験したものを預けておく場所**のことです。

一体どこに預けるのかと言うと……自分の身体です。

現代は、テレビや本、動画……ありとあらゆるもので、私たちは体験してみたいことを見たり聞くことはできます。

見たことがある、聞いたことがある、知っている……ついなんとなくわかった気になっている。やった気になっている。

ですが、リアルで実際に体験したことには到底勝てないのです。実際に体験してみると、それらに比べて情報量が各段に上がるからです。

その場所の空気感、香り、見るもの、聞こえるもの、感じる気持ち……行動を通し体験することで、私たちは身体の機能をフルに使ってその体験を身体にインプットします。

身体で体験したものは、ずっと〝マイ経験バンク〟に残り続けます。

何か体験したとき、覚えておかなくてもすぐに忘れてしまってもいいのです。

何を隠そう……私は忘れっぽさではかなりの自信があります（笑）。

最近では1人で出張したときに、オンラインサロンメンバーの方が「駅に着いてますか？」と新幹線の時間を教えてくれるくらい、すぐ忘れてしまうのです。暗記はもちろん大の苦手。それ故、学生時代は勉強面で苦労しましたね……言い訳ですけどね（笑）。

それはさておき、〝マイ経験バンク〟からは、普段は忘れていても、また同じ状況になったときや同じ状況の誰かを見たときにスッと自分の経験を思い出すのです。

そしてそれを**必要な分だけ引き出して次に活かす**のです。

未来の自分が困ったときや、誰かが自分と同じ経験をして困っているとき、自分の〝マイ経験バンク〟から引き出して、そのヒントをプレゼントしてあげることができるのです。

そう思えば私としては「体験しない理由が見つからない（笑）」といった感じです。

そしてリアルに体験した人の言葉は自然と重みがあり、聞いた相手の心にズシンと響きます。

その理由は、五感をフルに使って得た体験を、また五感を使って全身で話しているからだと私は思っています。

今の自分のサイズでできるベストを尽くそう

「そうは言っても、私はそんな考え方を持てないし、行動もなかなかできない……特別な人のことでしょ？」と思われるかもしれませんね。

まぁ、とっても正直に申し上げますと……確かに特別な人です。

では特別な人って一体どんな人でしょうか？

・なんの不自由もなく最高の環境で育った人？
・お金持ちに生まれた人？
・身体能力の高い人？
・頭のいい人？
・容姿端麗の人？

あげるとキリがありませんが、こんな感じでしょうか。

第2章でも書いたように、人にはそれぞれ「頑張らなくてもできるもの」という生まれ持った才能があります。

そして環境があります。

これは誰も変えることのできない紛れもない事実なので、あっさり認めましょう♪
もしどうしても認められないのであれば……それはズバリ、正にあなたが越えるべき課題です！

「私はこんなに頑張ってるのに！　ずるい！」
「どうやっても私はダメ……やっぱり私なんて……できない」

もしかしたら、そんな思いが湧くことがあるのではないでしょうか？

先ほど「とっても正直に申し上げますと……確かに特別な人です」と書きましたが、正しくは「あなたが勝手に特別だと思って見ている人」です。

だいたい決まって本人は「自分は特別だとは思っていない」ことがほとんどです。

「特別なこととしてるつもりないけど、なんでみんなやらないの？　これ普通でしょ？」

こういう感覚の人が多いです。そういう人にも自分の苦手なことは必ずありますので、自分にはできないことをいとも簡単に、そして楽しそうにしている人には羨ましさを感じるし、尊敬もします。

そう、あなたも特別な人なのです。
みんな、特別な人なのです。

自分の主観という1つの視点だけで物事を見た場合、とても視野が狭くなるし、自分自身の価値も自分で勝手に下げてしまうのです。

私は現在「自分の強みを価値として表現するお手伝い」もしていますが、自分で自分の価値を勝手に下げている方が本当に多いなぁと感じて悲しくなります。

自分を勝手に低く見積もってしまうと、それはそのまま相手に伝わってしまい、本当に望むところにはなかなか辿り着けません。

私から見ると素敵なところがたくさんあるのに「私なんて……」という勝手な思いで、**本来しなくてもいい損を自ら積極的にしているのです！**

なんともったいないことでしょう!!

誰かと比べる必要は一切ありません。だってあなたは世界にたった1人だから。比較の対象なんてこの世に存在しません。

似たものは比べるという習慣が私たちにはありますが、人に限っては生まれも育ちも才能も価値観も心の在り方も違うので比較できません。

しかし周りの人は、あなたの表面的なことだけを見て比較するようなことを言ってくるかもしれません。

そんなことは一切気にする必要がありません。

第2章でも書いたように、他人にどう受け取られるかは相手の状態次第。こちらはコントロールできないので気にするだけ時間の無駄なのです♡

たとえ言われたとしても、あなたの価値は上がりも下がりもしない。何があってもいつでもそのままです。

さてここで気付いてほしいのは……人はそれぞれ、自分のステージに合った課題や悩みを必ず持っているということです。

「誰がどう見ても幸せそう！」

「悩みなんてなさそう！」

「羨ましい！」

そう見えていたとしても、何かしら必ず課題や悩みがあるのです。

むしろ第一線で活躍して輝いている人ほど、実は課題も悩みも多いのです。

プロフェッショナルであればあるほど、さらなる高みを目指そうとすればするほど、チャレンジを続けなくてはいけませんよね。

華やかな部分しか見えていないかもしれませんが本人は必死です。表に出てこない努力がオーラという輝きになっているのです。

ひたすらに自分ができることを磨いているのです。

自分ができることを磨くということは、**「今の自分サイズでできることを1つ1つ積み重ねる」**ということです。

これはどんな人でも必ずできることだと思っています。

・お料理が好きだったら、もっと美味しく、もっと喜んでもらえるように腕を磨く。
・スポーツが好きだったら、もっと上手になって達成感を味わう。
・パソコンが得意なら、さらに新しいシステムを取り入れてみる。
・オシャレが好きなら、もっと自分が素敵に見えるよう研究してみる。

・読書が好きなら、もっとマニアックな本を読んで視野を広げてみる。

あげたらキリがないのですが、誰でも必ずできます！　断言できます♡

さあ「今の自分のサイズでできることはなんだろう？」と自分に問いかけてみてください♪

エピソード

この本を書き進めるにあたって新たに気付いたことが1つ。

「私は【言葉】に支えられて生きてきた」

ということです。

勉強苦手、数字苦手、駆け引き苦手、条件とか考えて、比較検討して上手く生きるとかできない(笑)。

ただ、自分の中に響いてきた言葉をずっと持ち続けてここまできました。

その中で15年間ずっと忘れずに持ち続けている言葉が「この星は行動の星である」です。

昔から大ファンの斎藤一人さんの本に書いてあった言葉で、20代前半に仕事が上手くいかなくて悩んだときに手に取った本に書いてありました。

当時ヘアメイク部門の担当として美容院に勤めていましたが、売上が全然伸びず、若いからという理由で信頼すらしてもらえない。

いつも決まってお客様に言われるのは「あなた、何年目?」という言葉。

ああでもない、こうでもない、と上手くいかない理由を私の小さい脳みそでゴチャゴチャ考えて、自分を否定してばかりいた私にこの言葉は「ずどーーーん」と身体に響いてきたと同時に、ピーンときました。

「あ! 答え、ここに書いてあるじゃん!」と(笑)。

「これが本当かどうか試してみよう!」って(笑)。

それから、とにかく行動することにしました。

技術を磨くため、休みの日はワンランク上のメイクと着付けの学校に通い、コンテストにも積極的に出て、全国大会に出場したりして実績を積みました。

悩んだら「この星は行動の星である」を思い出して、

「あ、悩むより動こう」

「動くためにはどんな考え方を手に入れたらいい？」

と、行動するためには？　にフォーカスするようになりました。


次第に指名が緩やかですが増え、紹介も頂けるようになりました。

さて、これまでの実験結果として、

行動すれば失敗（目的を達成できないという失敗）もします。

行動すればお金も減ります。
行動すればバカにされることもあります。
行動すれば傷つくことも増えます。

でもその分、

行動すれば必ず結果が出ます。
結果から反省でき、それを活かして次がまたよくなります。
行動すれば一生ものの出逢いも増えます。
行動すれば自分を信頼できるようになります。
行動すれば自分の予想を遥かに超えた景色を見ることができます。

そしていつの間にか「その行動力、すごいね！　いつも勇気もらってるよ！」と言われるようになりました。

あれから15年、結婚、出産、起業などを経験しましたが、昔の私も、今の私も、やっていることは何一つ変わっていません（笑）。

ただ、「今の自分サイズでできることってなんだろう？」って問いかけながら、1つ1つ行動してきて今ここにいる。本当にそれだけなんです。

そして、言葉で救われた私が今度はこうして本を書いているという不思議な体験に自分自身も驚いています（笑）。

行動は自分の予想を遥かに超えた景色を見せてくれる。

このように、誰でも自分のできることを磨き続けてさえいれば必ず望む場所へ到達することができるのです♪

Any experience is your treasure

どんな経験も宝物

マイ経験バンクは

未来の自分へのプレゼント

第4章

魂を覚醒させる④

夢を叶える3つの○○とは?

失敗したとしても素敵なあなたに変わりはない

夢を叶えている人の共通点の1つ、**自分を否定せずいつも肯定している**ということです。

そう、「自分が大好き！」な人です（そう表に出す人と出さない人がいますが。笑）。

私もご多聞にもれず「自分が大好き！」です（笑）。

しかし自分にとって悪いことが起こってしまったとき、私たちがついやりがちなのは、「私ってほんとダメだな……」「あの人はすごいのに、私は……」と自分を否定して責めてしまうことです。

自分を否定しない人というのは、自分にとって悪いことが起こってしまったとしても自分を責めません（笑）。「どれだけ図々しいんだろう！」と思われるかと思いますが……（笑）。

ではどう思うかと言うと、「いい結果にはならなかったけど、その分学べたこともあったからよかった♡　これを活かして次はこうしよう！」と結果に対して反省はしますが、自分を否定すること、責めることはありません。**そんなことで自分の価値は下がらない**と知っているからこう思えるのです♪

自分を否定することはタバコと一緒で「百害あって一利なし」です。何もいいことがありません。無駄なので一刻も早くやめましょう！

そしてもう1つ気を付けることがあります。「周囲の人に否定の言葉や態度を撒き散らすこと」です。この行為は副流煙と一緒。迷惑すぎるので即座にやめましょう（笑）。

私の経験上、否定が多い人は決まって人生が上手くいっていません。

それは、私たちの現実は心の投影なので、否定する気持ちはそのまま否定的な出来事を創り出して見せてくれるからです。

「私ってダメだな……」という思いは、もれなく「ダメな現実」をそのまま創造して見せてくれます。

そして、ますますそれに影響され、否定ループにハマッていくのです！


人はエネルギーの塊。同じエネルギーは引き寄せ合うという原理原則がありますので、否定が多い人の周りには同じような人が集まっています。

特にSNSでの交流が盛んな現代は、リアルでなくてもネット上で同じような人が集まりやすいのです。

うっかり入ってしまったグループが愚痴や否定が多くて、目的とズレていて気分が滅入る……なんて話もよく聞きます。

ですので、そういう場合は即刻離れましょう。**目的が果たせないのなら、あなたが気分よくいられることが一番重要**です。

こういう場合、相手を変えてあげることなんてしなくていいので、まずあなたがいったん離れて、自分を思い切り肯定できるようになってから、また会いにいきましょう♪

あなたがその状態になって初めて、その人たちも影響を受けるようになるのです。

それでもあなたに反発してきたり、さらに否定が増すようであれば、今度こそ本当に付き合う必要はありません♪　もともと合わないというだけのことです♪

お互いがプラスにならない人間関係は、お互いの幸せのためにふわっと手放しましょう♡

否定を生んでしまう原因……正解を追い求めない♪

この世界には正解も不正解も本当はありません。

ですが、私たちは知らず知らずのうちに正解、不正解の2つに分けることを教えられてきました。

この正解、不正解の2つに分ける考え方が否定を生んでしまう原因なのです。

2つに分けることなんてできるはずありません。

あなたにとっては正解でも誰かにとっては不正解かもしれないし、誰かにとっての正解はあなたにとっての不正解の場合も。

立場や視点が変われば、そして感情も合わされば、またそれが正解、不正解、グレー……かどうかも変わるのです。

自分も周りも否定してしまう気持ちになるときは、「こうでなくてはならない！」という「ねばならない」というループに入っている可能性があります。

自分にそういう思い込みがないかどうか、ちょっと振り返ってみてください。


私たちはいつだってどんなときだって**心だけは自由**なのです。

何を思うかだけは自由で、誰にも何にも制限されません。

私たちは1人1人価値観が違って当たり前。自分にとっての正解でいいのです。

「私はこうすることが正解だと思うけど、あなたは違うのねぇ！　いろんな考え方があるのねぇ♡」


極端ですが（笑）、そんなふうに否定せず受け入れ合えるということです。

正解、不正解に縛られない肯定的な考え方が肯定的な現実を創っていくのです♡

自信がない人なんて本当はいない

私たちは「自信がある」とか「自信がない」という言葉をよく使います。ですが生まれたての赤ちゃんは自信たっぷりです。私は2人の子供たちを育ててきて学んだのですが、赤ちゃんは与えてもらって当たり前、愛されて当たり前と思っています。だからあんなふうに周りの目なんて気にせず泣けるのです！

「お腹がすいた！」「おしりが気持ち悪い！」「寒い！」「暑い！」「私だって昼寝したい気分じゃないときもあるのよ！」といった具合に（笑）。

赤ちゃんは「今日は親戚のおばさんがいるから静かにしていよっと！」とか、「本当はお腹すいてるけどちょっとだけ我慢しよう」とか思わないですよね（笑）。

誰もがみんな生まれたときは自信満々だったはずなのに、一体私たちはいつから自信がなくなっていったのでしょうか?

それは自信がない人を見てしまったからです。自信のない大人を見てしまったからです。

赤ちゃんがまず目にするのは自分の親です。親自身に自信がなかったり、否定する言葉が多かったりするとそのまま子供にも影響していきます。

自信とは、自分を信頼することです。自分自身と信頼関係を結ぶことです。

ではどうやったら信頼関係が結ばれるのかと言うと……**自分との約束を守る**ということです。

自分との約束を守るとはどういうことかと言うと、**自分の本心からの欲求に素直に**

行動して叶えてあげるということです。

例えば、汗をたくさんかいて、「スッキリしたい！　シャワー浴びたい！」って思ったら、シャワーを浴びる。

「お腹すいた！　カレー食べたい！」と思えば、カレーを作って食べる。

「いやそんなの当たり前じゃん？」と思われるかもしれませんが、これが自分との約束を守るということです。

私たちは、こんなふうにして自分の欲求に行動で応えて叶えてあげているのです。

確かに、身体に関わる生理的な欲求を叶えてあげるのは簡単だと思います。それは生死に関わるから。衛生的にしていないと病気になるし、食べられなければ死んでしまいますので。

ですが、それ以外のことはどうでしょうか？

本心で思っていることを言えていたり、実際に行動して叶えられているでしょうか？

「本当はこんな仕事したくないのに、でも辞めてお金に困るのもなぁ」と思ってやっていたり。

「本当はこの人大っ嫌いなんだけど、仲良しのフリして機嫌取っておかなきゃなぁ」と愛想笑いしたり。

「本当はこう言いたいけど、周りの人に嫌われたくないなぁ」と思って、思ってもいないことを言ってみたり……。

心当たりがない人はいないはず。ご多聞にもれず私もそうでしたから。

しかし、このように本心で思うことを自分で勝手に否定し、行動に移してあげていない状態が、自分との約束を守れていないという状態なのです。

例えば、友達とランチの約束をしていたけど何かの理由で一度ドタキャンされたとして、二度目もドタキャンしてきたら、三度目また会おうと言われたとき……誰でも「次も約束守ってくれないのでは……」と不安になり、不信感を抱くのではないでしょうか。

このように、自分との約束を守らないということを繰り返すことによって、自分が自分に不信感を抱くのです。

自分に対して不信感を抱いているということが、そう、「自分に自信がない」という状態のことなのです。

では失った自信をどうやったら取り戻すことができるかと言うと、**自分の本心に耳を傾けてその通りに行動し「自分との約束を守る」**のです。

もちろん、状況を変えることは今すぐには難しい部分もあると思います。
ですが、その中でどんなに小さなことでもいいので、できることはやり、自分の本当の声を大切にしてあげてほしいのです。

魂、脳、身体はワンチーム！
3つの機能をフルに使い夢を叶えていく

私たちは、魂から直感を得て、脳で思考し、身体を使い行動していきます。

魂は自分の本来の望みを知っているので、根拠なんてないけどただただそう思う、直感を生むところ。例えるなら、常識外れなアイディアマンの社長。

脳は、その根拠のないもの、リアリティのないぶっ飛んだものを、どうやったらこの現実社会で実行できるのかなぁ？　と答えを見つけるところ。例えるなら、社長からのどんな難題でもサラリとやってのけてしまう超優秀な秘書のような存在。

魂と脳はお互いが対等で尊重し合えて、2人で1つのことを成し遂げていく同志。クリエイティブペアなのです。

身体は魂と脳の指令を実行に移し、実際に創造していくもの。

夢が叶わない人、夢を叶えたいと思っているけどなかなか叶わない人、夢がスルスル叶う人……それぞれの原因をお伝えしていきますね♪

①夢が叶わない人は、魂で得た直感を脳で却下してしまいます。ですので行動に移

せません。よって夢が叶うどころか何も生まれません。

②夢がなかなか叶わない人は、魂で得た直感を脳でいつまでも協議しています。「やる？　やらない？　どうしよう？　やりたいけどリスクが……もうちょっとしっかり考えてから……この件は保留で……」といった具合に、スッキリしない気持ち悪い会議が永遠に行われているイメージです（笑）。これでは行動までに時間がかかり過ぎます。よって、なかなか叶わないということになるのです。

③夢がスルスル叶う人は、魂で得た直感を脳で即採用します。どうやったら魂の望みを実現できるかフル回転で策を練り、決断します。ですので、すぐ行動に移せます。行動した分、結果が出ます。着実に夢へと近づいていけ、辿り着く時間も早いのです。

あなたはこの3つのうち、どのパターンが多いでしょうか？

私は②のパターンが多く、叶えたいのに……なかなか叶わない……辿り着けない……どうして!?　でも諦められない……堂々巡り……といった具合でした（笑）。

しかしこの仕組みに気付いてからは、もう嘘のようにスルスル叶えられるようになりました。

魂と脳と身体を超仲良しに♪　**あなたの夢を叶えるワンチームとして働いてもらうのです！**

自分を大切にできて初めて夢は叶う

シャンパンタワーの法則というものをご存じでしょうか？

タワー状に積み上げられたシャンパングラスの一番上からシャンパンを注いだら、

まず天辺のグラスがいっぱいになり、こぼれたシャンパンは2段目に積まれたグラスへ入り、そして2段目のグラスがいっぱいになったら、3段目に積まれたグラスへ……。

これは、

1段目が自分
2段目が家族(細かく分けると、①パートナー、②子供、の順番)
3段目が友達
4段目が職場
5段目が……

というように、自分に一番近い人から満たしていきましょうね! ということを例えたものなのですが、**まず満たすのは、自分! なのです。**自分が「もうお腹いっぱい！　もう飲めない！」ってなるくらい自分を幸せで満たしてあげるのです。

もし、あなたがママだったとしたら、大切にしたい人は「子供です！」と言うかもしれません。

ラブラブな彼がいたら「彼です！」と答えるかもしれませんし、ご両親や、お友達、仕事をしていれば、お客様と答えるかもしれませんね。

しかし、どんなに熱烈にその人のことを思っていても、一番上のグラスが満たされない限り、それは絶対叶わないのです。

まず**相手より自分をそれ以上に大切にすることが必要**なのです。

自分を満たさずに相手を満たそうとすることを自己犠牲と言います。

本当はカラカラなのに、無理して与えようとしたら今度は相手から奪ってしまうのです。しかし相手もカラカラですから、お互い倒れるしかありません。

こうして関係性がギクシャクして、頑張っても頑張っても大切な人をなぜか幸せにできないという事態になるのです。

自分だけ我慢すれば上手くいく……なんてことはあり得ません。

自分が我慢をしてしまえば、相手にも我慢を強いるだけで、誰も幸せにならないんです♪

もし今、自分だけ我慢しているという状況があるなら今すぐにやめましょう!

自分を満たすためには自分のことをよく知っておくことが大切です。

・自分は何をしているときワクワクするだろう?
・どんなとき心が安らぐだろう?
・いつでもできる気分転換やリラックス法ってなんだろう?

あなたが誰かのファンになったとき、その人のことをもっと知りたいって思いますよね？

ＳＮＳをフォローしたり、ファンクラブに入ったり、直接会いにいったり……必ず「もっと知りたい！」って熱烈に思うと思うのです。

それをそのまま自分に向けてあげるのです♡

自分が、世界で一番の自分のファンになって、誰よりも応援してあげるのです！

いつでも一生あなたはあなたの味方。世界中があなたを非難しても、自分だけは自分の味方。

世界一、いえ宇宙一、あなたを１００％愛する唯一無二のパートナーなのです♡

自分を大切にすることは自分を甘やかすということではない♡

「自分を大切にしましょう♡」とこれまで書いてきましたが、これについてちょっと勘違いしやすいのでご説明しますね！

自分を大切にするということは、自分を甘やかせばいい、何もしなくていいということではありません……。

自分を大切にするということは「自分の声に耳を傾けてあげて行動に移してあげること」で、その結果については自分で責任を取ります。

自分で自分の責任を取るって、なんだか重たく厳しい言葉に聞こえるかもしれませんね。

例えば、今あなたが何かしらの問題を抱えていたとして、親や先生や友人があなたのためを思っていろいろアドバイスをくれたとしましょう。

「こうしたほうがいいよ！」「それはダメだよ！」「こうするべきだよ！」など、様々な愛のあるアドバイスをくれることでしょう。

しかし、どれだけよさそうなアドバイスをくれてその通りにあなたが実行したとしても……。

もしあなたが望むような結果が手に入らなかったらどうしますか？

それどころか正反対の結果だったらあなたはどうしますか？

アドバイスをくれた人を責めますか？

ではその人を責めたところで、あなたの現状は何か変わりますか……？

このように、誰かを責めても何も変わりませんし、誰もあなたの人生の責任は取ってくれません。血の繋がった親子であってもです。

どんなに大切にしたくても、責任をすべて一括で取ってあげたくても、取りようがないのです！

自分がやったことに対して誰かのせいにしたり、環境のせいにしたりせずに、自分の責任として受け止められたとき、初めて自分事として受け止められるのです。

誰かのせいにしたり、環境のせいにしたり、責任を自分以外のどこかに持っていってしまった場合、その問題は一生解決しません。

あなたの問題がいつまで経っても解決しない、どうやってもあなたの夢が叶わない！　というのも、あなたが自分の人生を、他人事として扱っているからかもしれません。

すべて自分事として受け止められたとき、あなたの人生は動き始めます。

自分の人生は誰かに与えられているわけではなく、自分で創造していくものなのです。

私たちは自分のやったことに対して自分で責任を取り、そしてまた行動を起こしていく……その繰り返しが人生そのものなのです。

あなたの人生の責任は誰も取ってはくれません。自分自身で取り続けていくしか方法はないのです♪

とても厳しく聞こえるかもしれませんが、これが本当に「自分を大切にする」ということだと私は考えています。

自分で責任を取るということは、時には自分の見たくもない部分や、受け入れがたいこと、傷つくこともあるかもしれません。

ですがそれをすべて受け入れていくこと……それが自分で責任を取るということなのです。

こうして自分で自分の責任を取れるようになって初めて夢は叶います♡

誰かがなんとかしてくれるはず！　と思っているうちは何も成し遂げることができません。

自分が動いて自分で責任を取る！　受け身で生きるのではなくて創造的に生きる！

そうしてあなた自身が手に入れていくのです。

すべての物事に対し、「私だったらどうするだろう？」という自分事として考えてみるというのはとても大切です♡

起こることすべてに対し責任を取るということはできませんが、あなたの課題はあなたの力で必ず乗り越えられるし、乗り越えられるということは夢も叶うということです！

誰かの言うことを忠実に聞くことで人生が上手くいくのであれば、世の中は幸せな人だらけなはずです。

ですが私たちは価値観が1人1人違い、目指すビジョンも1人1人違うのです。

どんなに素晴らしい人からのアドバイスだったとしても、あなたが納得しない限り、あなたの答えではないのです。

チャレンジしようとすると
これまでの思い込みが
邪魔をすることも……

普段、魂を覚醒させることで夢を実現していくコーチとしてお仕事をさせて頂いている私ですが、サポートさせて頂く際、初めのうちはクライアントさんもノリノリで、「上手くいく気がする！」とテンションが高めなのですが……。

サポートを始めて、しばらく経って落ち着いてきた頃に、「私、何もできてない気がします」「やろうとすると不安になったりして自分を責めてしまいます」とおっしゃる方がいらっしゃいます。

第3章に書いたように、私たちは身体に〝マイ経験バンク〟を持っています。そこに今までの成功も失敗もいろんなことがすべて貯まっているのですが、気を付けることがあります。

私たちは今まで長くやってきた習慣や思い込みが身体に染みついてしまっており、これまでとは違うことをしようとすると、身体がビックリして元に戻ろうとする作用が働くのです。

もともと人間には、ホメオスタシス（恒常性維持）の機能があり、**変化するということに恐れを抱きます**。この先がどうなるかわからないことが怖いのです。

その恐怖心が「何もできてない気がする」「やろうとすると不安になり自分を責めてしまう」という心の状態を創り出してしまうのです。

こういうとき私は、「サポートを始める前にはできていなかったことで、現在できるようになったことをすべて書き出してみてください。どんなに小さなことでもすべて書き出してみてください」とお伝えします。

するとみなさん、決まってものすごい数の「できるようになったこと」を書いて見せてくださいます（笑）。

紙に書き出して客観的に自分の成長を見ることで、「私、こんなにできるようになっていたんですね〜」「私、なかなかやってますね（笑）」とハッとされるのです。

これは「できるようになったこと」は「もうないもの」として認識されるとも言えます。

例えば、食事をするたびに「いや〜、今日も私の手が箸を持ってくれてご飯が食べられる♡　私の手！　本当にありがとう！」なんて思いませんよね？

普通にお箸を使ってご飯を食べることは〝当たり前〟という状態なので、いちいち意識なんてしないので感謝もしません。

このように、**できるようになったことは自分にとって〝当たり前〟になる**ので、意識も感謝もできなくなるのです。

客観的に自分を見ることで改めて気付くことができるのです。

人間にこの機能があるのは**「自分を守るため」**です。私たちに備わっている機能のすべては「自分を守るため」。
恐れから自分を責めてしまうことも、わからないから誰かを責めてしまうことも、攻撃してしまうことも、すべて「自分を守る」ためです。

私がこのことに気付いたときに思ったことは、「人間はどこまで自分を大切に、そして愛しているんだろう……」ということ。
自分を肯定できないとか、自分を好きになれない、愛せない、大切にできない、自分に価値なんてない……なんていう思いは、本当に私たちが勝手に創り出した幻想なんだな、と知ったのです。
だって、ここまでして自分のことを守りたいほど愛しているんですよ♡
そう思ったら自分が愛おしくてたまらなくなりませんか？

自分を責めてしまう自分も、自分への愛があるから！
自分を嫌いだと思ってしまう自分も、自分への愛があるから！
自分は価値のない人間だと思ってしまう自分も、自分への愛があるから！

遺伝子レベルで、自分は自分を愛して大切に思っている。

しかも、これは代々自分の先祖から受け継がれてきた愛で、これから先も、あなたがあなたを生きた愛が受け継がれていくのです。

エピソード

自分さえ我慢すればいいと思って大失敗……。

23歳で結婚、出産したとき、私自身まだまだ子供でしたし、正直まだ友達みたいに自由に遊びたいと思うこともありました。

でも、「いいママでありたい！」「いい妻でありたい！」「若いからってバカにされたくない！」「ちゃんとしてるって思われたい！」……すべて【他人軸】で、なんでも自分のことは最後。

子供のために、家族のために、自分さえ我慢すれば上手くいくと思っていたけど、なぜだか満たされずイライラは募るばかり。

「幸せなはずなのにどうして⁇」

自分のイライラを子供にぶつけたり、ママ友の「家を買った」「車を買った」……そんな話を聞いては人を羨んだり……素直に人の幸せを喜べない私がいました。

「いいママって何？」「いい妻って何？」「なんでこんなに苦しいんだろう……」と。

そんな中、「このままではいけない気がする……でも時間もお金もない今の私にできることって何なんだろう……」と考えていた頃、友達にブログを書くことを勧められました。

そのとき初めて素人でもブログが書けることを知り、少しずつライフスタイルについて書き込むようになりました。しばらくして、コメントや反応が増え、それが嬉しくて少しずつ私の心も上向いていきました。

そこから視野も広がり、「もっといろんなことをやってみたい！」と意欲が出てきました。

誰でもできる無料のブログから、次は全国雑誌の公式ブロガーにチャレンジしてみたり、できることを少しずつ増やしていきました。

こうして「自分の時間を少しでも持つことで、こんなにも自分らしくいられるなんて！」と、少しずつ家族に対する対応も変わって笑うことが増えました。

やはり、まず自分を満たすって本当に大事です！

どんなに今、時間がなくても、自由に使えるお金がなかったとしても、それでも必ず1つは自分のためにできることはあるはずです。

どんなに小さいことでもいいんです。自分を満たし大切にすることが、結果、一番大切にしたい人を大切にできるという仕組みになっているのです♪

どんな状況になっても自分を大切に！

I'm the biggest fan of myself

私は私の世界一のファン

誰よりも自分を信頼し

誰よりも自分を愛する

hamatomo coaching

第5章

魂を覚醒させる⑤

迷ったら
イマとイチに立ち返る

頑張っても頑張っても夢が叶わないのは努力の方向性が間違っているのかも

これまで夢を叶えるための大切なことをお伝えしてきましたが、ここではさらに押さえておいて頂きたいことをお伝えしていきます。

あなたがどれだけ自分軸を確立し、トライアンドエラーも繰り返して、自己肯定もできたとしても、「自分の進む方向はこっちでいいのだろうか……?」と、時には迷ってしまうこともあるでしょう。

そのときに思い出してほしいのは〝イマ〟と〝イチ〟です。

〝イマ〟とは時間軸の〝今〟のこと。
〝イチ〟とは〝自分〟と数字の〝1〟です。

私たちが生きているこの世界は実はとてもシンプルで、〝イマ〟と〝イチ〟でできています。

頑張っても頑張っても上手くいかないときは、意識と努力の方向性が〝イマ〟と〝イチ〟からズレてしまっている状態なのです。

今の自分が未来の自分を創る

〝イマ〟を生きる。
私たちは過去を生きているわけでも、未来を生きているわけでもありません。たった今を生きています。

今、今、今の積み重ねなのです。

そして、**今思うこと、今行動すること。それが未来の自分を創ります。**

もし今「私なんてどうせ……できない」と思ったとすると、どうせできない未来が創造されるだけです。

あなたはどんな未来を望みますか？　その望むことを今すぐに思い、そして行動に移すのです！

たった今に集中して生きることが幸せへのルートです。

私の周りの活躍されている方はみな、とにかく今を生きています。

アイディアを思いついたらすぐ連絡が来て、「新しい商品のアイディア出たんだけど、これどう思う？」。私が「いいですねー！」って言ったと思ったら、もう夕方には告知サイトが出来上がっている……みたいなことがよくあります。

とにかく目の前のことに夢中になる子供のように今を生きているのです。

今やりたいからやる！　今できる！　という思いと行動が、そのまま実現される未来を創造しているのです。

誰でもたった今この瞬間から「自分はできる！」と決めていいのです。

根拠なんていりません。誰でも生まれたときは自信満々だったのですから、生まれた状態に戻ればいいだけです。

今を生きながらも魂の声を聴きゴール設定は高く遠く！

今を生きると言うと、「先のことは何も考えなくていいの？」と言われる方もいらっしゃいますが、ゴール設定がないと適切な決断ができないので今も生きられません。

ゴール設定は高ければ高いほどよく、遠ければ遠いほどいいです♪

ハマトモのメソッドは「夢は叶って当たり前！」というコンセプトを掲げています。

なぜ叶って当たり前なのかと言うと……魂はすでに本当の望みを知っているからということと、高いゴール設定をした瞬間から、そのゴールに対して、「じゃあ今の段階ではこれくらいできて当たり前だよね！」という心の状態に一気に引き上げることができるからです。

そしてそこから「じゃあそのために今やれることは?」というふうにどんどんサイズを小さくして、「今やれること」を導き出していきます。

これは私の体験談なのですが、ちょうど1年前に仲良くしていた方がご病気になられたことがきっかけで、私自身さらに深く自分を見つめ直すことがありました。

そのときに、「私もコーチとしてもっとチャレンジしよう！　やりたいことは全部やろう！　これからはどんどん表に出て行こう！」と思いました。

このときに初めて出版を意識しました。正確に言えば、ずっとやりたかったことを思い出したのです。そして、その先にゴールを設定しました。

本を出すことをゴールにするのではなく、そのもっと先です。

まず私が何をしたかと言うと、ベストセラー作家さんのSNSを調べました。そうすると、あらゆるところで著名人という枠を使ってページを作っていました。

私はそこで、まだまだ無名なのにもかかわらずFacebookのビジネスページを作り「著名人ハマトモ」として発信を始めたのです。

本来であればすでに本を出したり、講演会でたくさん人が呼べたりする、誰がどう見ても著名人と認める方が作るものだと思います。

ですが私は、出版するのが当たり前の状態を創り出すために、著名人であるということを先に設定したのです。実は、このときの私の予想では「出版は5年後くらいかな〜」と正直思っていたので「5年後の自分のために今から準備しておこう！」と。

しかし、実際はページを作ってから約9ヶ月で出版が決まり、正に今書いている……という状態です（笑）。

こうして**夢が見つかるたびに、それより先の遠く高いゴールを設定して、「できて当たり前」の状態を意図的に創り出すのです。**


そして、遠く高く設定することでもう1ついいことがあります。

それはその他の小さな望みは自動でおまけ的に叶ってしまうということです。

著名人になると決めてからは、出向く場所も、お会いする方も変わりました。

行く先々に憧れの人がいらっしゃってお話しさせて頂いたり、いつかはやりたいと思っていたお仕事にお誘い頂いたりと、そんなに頑張らなくても、無理しなくても自動的に叶っていくのです！

もちろん、現在はさらに魂の声を聴きながら、ゴールを引き上げて次を見据えています♪

周りの人、起こる出来事はすべて自分の鏡

〝イチ〟である自分が発信したものはすべて〝イチ〟である自分に返ってきます。

私たちの現実は自分の心が創っていて、自分の心で思ったことが映画のスクリーンのようにそのまま投影され現実として見せてくれます。


しかし、「いやいや！　そんなはずはない！　こんなこと思ってないのに起こるのはおかしいでしょ!?」ということもありますよね。

意識していたことだと納得できるでしょうが、思ってもいないことが起こる場合……それはあなたの潜在意識レベルで思っちゃっていることです。

どんなことが起こったとしても**あなたが先に思ったことなのです**。

例えば、大好きな彼と付き合うようになってハッピーな反面、実は「大好きだから嫌われたくない！」「嫌われて1人になったらどうしよう！」「他の人に取られたらどうしよう」という思いが心の隅にあったとしましょう。

それはそのままあなたの行動に自然と表れます。

彼のそういう面ばかりにフォーカスするようになります。

少し連絡が取れないだけで「もう私のこと嫌いになったのでは……」と不安になり、その不安からＬＩＮＥを一方的に送ったり、否定的な言葉や駆け引きする言葉を使ったり……彼を追い詰めてしまいます。

先ほど、人に否定を撒き散らすことは副流煙と一緒だと言いましたが、そんな中にいたら彼も居心地が悪くなるのは当たり前。余計に離れていってしまいます。

あなたが逆の立場だったらどうでしょう？　有害な煙の中にいるってすごく嫌だと思います。

人に否定をぶつけてしまうということは、自分の中に恐れや恐怖、否定したいことがあるというサインなのです。

人を通して私たちはそこに気付くことができる仕組みになっているのです。

こういった場合、彼を疑ったり責めたりするのではなく、自分自身の心の状態を素直に受け入れましょう。

そしてまずは、自分自身に夢中になって楽しく過ごし、心から否定をなくしていく。

そうするとまた2人の間に流れる空気はクリーンで澄んだものになるでしょう。

その居心地のよさに彼はさらにあなたから離れられなくなるでしょう。

有害な煙ではなく、マイナスイオンたっぷりのリラックス空間へ。

それも〝**イチ**〟**である自分としっかり向き合う**ことで創ることができるのです。

しかし、ここにも1つ注意点があります。

この世界は物質世界なので、思ってから実際に現実として形になるまで少し時間がかかります。

花壇に綺麗な花を咲かせようと思えば、まず種を用意してきて、土に蒔いて、水を毎日やり、そして何日かして芽が出る。

そしてまた毎日手をかけてやっと花が咲く。

このように、花を咲かせようと思えば決まったプロセスを経る必要があり、それなりに時間がかかってしまうのです。

自分自身を楽しみながら、ワクワクして待つ♪

これも大切なことです♡

ドリームキラーが出現しても大丈夫！ドリームキラーは悪者ではない♡

すべては〝イチ〟である自分に返ってくる。

それはなんとドリームキラーにも当てはまります♪
夢を叶えたいと思ってそれを話したとき、ドリームキラーに出逢った経験は誰しもあるのではないでしょうか？

ドリームキラーとは夢を殺す人、人の夢を否定し、やる気を奪う人です。
今までの私の人生の中でも数え切れない数のドリームキラーに出逢いました。

2年前「自分のオリジナルのメソッドを創って、全国を駆け回って仕事をしたい」

と言ったときは、「まだ地元でも知名度が低いのに、そんなことできるわけない」と言われ……（笑）。

「出版したい！」と言うと「本を出すなんて一般人にできるわけない」と言われ……（笑）。

それはもう、ありとあらゆるチャレンジに対し、ほとんど否定されてきました。

しかしその人たちの言うことを一切聞かず（笑）、なぜ私がこうして様々な夢を実現してきたかと言うと……。

ドリームキラーは本当は悪者ではないということに気付いていたからです。

ドリームキラーが発する否定の言葉は実は自分自身の声なのです。

本当にチャレンジを一番怖がっているのは、他でもない自分自身なのです。

もちろん否定された瞬間は「ムカーーー見とけよーーー」と正直思うのですが(笑)。まだまだ器が小さい私です(笑)。

ですが、そう言われたとしてもその人を責めるのではなく自分に問うのです。「どうして私はイラッとしてしまったのだろう？」と。

そうすると自分が「本当はすごく不安に思っている」「もしかしたらできないかもしれない」と、自分を信じることができていないということに気付くのです。

私たちは日常でたくさんの言葉に触れて生活していますが、その中で「もともと自分の中にある言葉」しか受け取りません。

自分の中にない言葉には反応しないようになっているのです。ですから、チャレンジすることに1ミリも不安を感じていないのであれば、ドリームキラーに「できるわけないじゃん！」と言われても、なんとも思わないのです。

心も動かないし「あの人、そういえばなんか言ってたなー」くらいで忘れ去っていくのです(笑)。ドリームキラーは、受け取るほうの問題ということです。

ですから私はいつも最終的にこう思うのです。

「気付かせてくれてありがとう♡」と。

これがきっかけで相手との関係性が悪くなるなんてこともありません。

ドリームキラーは叶えたあとはだいたい応援者になってくれますよ♪


ではそれに気付いたその次にすることは？　私は「どうやったらその不安が払拭できるだろうか？」と考えます。


ここでも〝イチ〟の考え方です。

私は不安に思うことを1つ1つ箇条書きにして紙に書いていくのです。

そうすることで自分が何に対して不安に思っているのか？　ということが明確になります。そして1つ1つそれを解消できるような行動をして不安をすべて潰していくのです。

自分の中から不安をすべてなくす。それがまた夢の実現へと加速させてくれるのです！


そしてだいぶ厳しい言い方ですが……誰かに否定されたくらいで簡単にやめてしまうようなら、それは本当に心からしたいものではないというサインなのです♪

それに気付けただけで大事な命の時間を無駄にせずにすんだということなので、ドリームキラーは感謝すべき存在なのです！


このように、夢を叶えるのも自分自身。夢を潰すのも自分自身。

誰かに邪魔されてできなかった、なんてことはあり得ないのです。

夢はいつだって逃げたりしないんです。あなたが叶えてくれるときを、ただひたすら待ちわびていてくれていますよ♡

このようなお仕事をしていると、ファンは◯、アンチは×みたいに分けられることが多いのですが、私にとってはファンもアンチも両方私の味方で、応援者という認識です。

アンチになる人も、私の発する言葉をその人が持っているからです。だから反応するのです。

その反応が好意的か批判的かというだけなのです。

それ以外は私に無関心な人です（笑）。

私の言葉を持っていない人ですのでかすりもしないのです。ですので、その人たちに好かれたいとも興味を持ってほしいとも思いません。

そこをどんなに頑張っても無駄だからです。

このドリームキラーの仕組みを知っていると、自分には応援者ばかりだということがわかるのでどんどん夢を叶えることができる上に、メンタルがめちゃくちゃ強くなるというおまけも付いてきます♡（笑）

そして、このことを知ってしまったあなたに、1つだけ気を付けてほしいことがあります。

もし誰かがあなたに夢を語ってきたとき、どんなに無謀だと思っても否定せずに聞いてあげてください。

無謀かどうかというその判断も、あなたの価値観でしかないからです。

そして、たった1人でも否定せず、聞いてくれた人の存在がその人のパワーになるのです。

いつでも〝イチ〟を大切に♪

あなたもぜひそんなパワーを与えることのできる素敵な人になってください♡

1人〝イチ〟になる勇気

1人になれる勇気があることはとても重要です。

まず、私たちは自分以外の人にものすごく影響を受ける生き物です。

SNSを通して触れ合う人にも影響を受けます。人からの影響は物理的な距離は関係ありませんが、直接触れ合えば触れ合うほど、より強力に影響を受けてしまいます。

そして、自分が本当に思っていることと、相手が思っていることがゴチャゴチャになってしまいがちになるのです。

これは無意識ですので自分ではなかなか気付けません。

ですので、1人になって落ち着いて頭を整理することで自分の本心を見つめる時間を作ることが大切です。

1人でカフェに行ったり、1人でお家でゆっくり過ごしたり、1人で温泉に行ったり……ボーッとするだけでもいいんです♪

「1人で過ごすなんて寂しい！」「1人で出かけるなんて恥ずかしい！」と思うかもしれませんね。

ですが大好きな人ができたら「2人でデートしたいな！」「2人でもっとゆっくりお互いのことを話したりしたいな！」と思いますよね♡

そんなふうに自分との時間を作るのです！

1人を心から楽しめる人は、誰かといても楽しめるのです。

そして1人を楽しめる人は……モテます♡（笑）

1人でも楽しそうな人は、そのキラキラなエネルギーに惹かれてみんなが放っておけなくなるのです☆

1対1の人間関係を極める♡

1人を楽しめる状態は自分軸があるということ。その状態で初めて人間関係が上手くいきます。

まず自分としっかり向き合うことで、自分自身の関係性を築いていく。これも1対1の人間関係〝イチ〟を極めるということです。

そして私は誰かと会うときは基本2人で会うことにしています（内容によっては3人の場合もありますが）。

それは人数が増えれば増えるほど薄い内容の話になってしまい、相手のことをよく知ることができないからです。

2人だとじっくりお互いの話ができるので、2人の信頼関係も深まりますし、他の人にはちょっと聞いてほしくないなという話でも、「この人なら話しちゃおう！」と心がオープンになりやすいのです。

心がお互いにオープンになったら信頼関係が築けたということ。

お互いがお互いのファンになったというイメージです！

1対多数ではなく、まず1対1の関係を大切にしましょう。

人との関係はどこまでいっても1対1です。

もし、あなたが人気者になって1人1人と向き合うことが難しくなったとしても、1対多数ではなく、どこまでいっても1対1です。

ずっと第一線で活躍しているアーティストさんは、常に1人1人に向けて楽曲を創り、1人1人に向けて歌っているのです。

だからいつも私たちの心を揺さぶり、ときめかせてくれるのです♪

人生は自分がかけるメガネ次第で最低にも最高にもなる

私たちは見えないメガネをいつもかけています。

一体どんなメガネかと言うと……思い込みのメガネです。

例えば、付き合い始めた頃の彼なら何をしても大好きだったし許せたのに、時間が経つにつれて許せなくなってきた。嫌なところばかりに目が行ってしまい、別れたくなる……なんて経験はないでしょうか？（私はありました。笑）

この場合、以前の私だったら「彼のほうが変わってしまった……」と思っていたのですが、逆なのです。

私が彼に対し、否定のメガネをかけて見るようになったからです。

彼は何も変わっていないのに、私が否定のメガネをかけたことで彼の粗探しを積極的にするようになったというだけのことなのです。肯定のメガネをかけ直せば、状況は一変。彼のいいところ、素敵なところに目が向くのです。

これはどんな人間関係でも一緒です。誰に対しても否定のメガネで見ればその人は自分にとっての悪役になるし、肯定のメガネで見れば素敵なヒーローになる。

相手は何1つ変わらないのに。

さて、どちらのメガネをかけたほうがあなたは幸せでしょうか？

そして、「どうしても相手を否定のメガネで見てしまう……」というときは、自分の中に否定したい何かがあるという場合がほとんどです。

「どうして自分は相手の嫌なところばかり見てしまうんだろう……」と自分に問いかけてみてください♪

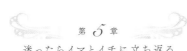

あなたはあなたにしかなれない、答えはあなたの中にある

たくさんの成功法則がこの世に溢れています。

本屋さんにも法則本はたくさんあるし、ブログやYouTubeなどでも無料で簡単に見ることができます。

しかし、ここで疑問を持ってほしいのです。

これだけ情報が溢れているのにどうして成功している人は少ないのでしょうか……。誰でも無料で手に入るなら、みんな成功して幸せじゃないとおかしいですよね……。

私はずっとこれが疑問で、何を隠そう私自身もたくさん本を読みまくったし、情報を集めまくったし、実践もしました。

でも、同じようにはなれないのです。一体何が違うのか……。

それは、**私は私以外の誰かになろうとしていたからです。**

「今の私じゃダメだ！」「勉強してもっともっとすごい人になるんだ！」と必死でした。だからたくさん資格も取りました。結果、資格ジプシーになったし、セミナージプシーにもなりました。

「こんなに頑張っているのに、なぜ⁇」

もうわけがわからなくなりました。

そんなとき、一人のプロデューサーとの出逢いがあり、私が自分でも気付けずにいた引き出しをバンバン開けてくださいました。

その出逢いが今のハマトモを形作ったスタートなのです。

そして私は遠回りに遠回りを重ね、やっと気が付きました。

「私は私にしかなれない。他の誰にもなれない」と。

成功法則はそっくりそのままやって成功するのではなく、パーツとして拾い集めて自分で料理して自分のものにするんだということがわかったのです。

みんな、自分にしかなれない。
あなたは、あなたにしかなれない。
自分の中にしか答えはないのです。

どんなに遠回りをしても、必ず自分という〝イチ〟へ戻るのです。

エピソード

これまで、魂を覚醒させる魔法の5ルールについてお話ししてきました。

①自分軸を確立すること
②とことん取り組むこと
③トライアンドエラーを繰り返すこと
④自己肯定すること
⑤不変の法則を知ること

私がどうしてこのメソッドに辿り着けたかと言うと、これまでにも書いてきたように、すべてが自分にはなかったからです。

他人の目ばかり気にして自分軸もない、トライアンドエラーできない、自分を否定してばかりで肯定することもできない、不変の法則なんて知らずに見当違いな努力をしていたり……。

たった1つあったのは「今より幸せになりたい」という気持ちだけ。

家庭の事情で中学2年生から新聞配達のアルバイトを始めて、それから私はずっとお金に対するコンプレックスを抱えて生きてきました。

人生最大のピンチは、高校を卒業して専門学校に入学したとき。

奨学金を借りて入学を許可してもらえたので、親との約束は「自分でなんとかすること」でした。

友達と部屋をシェアして家賃の負担を減らし、学校が終わったあとは週5で深夜まで居酒屋でアルバイト。深夜に自転車をこぎながら帰る道はそれはもう怖かったのを覚えています(笑)。

とにかく、当時はお金がないということがすごく惨めでした。

友達は、服を買ったり遊ぶためにと自分の楽しみのためにアルバイトをしているのに、私は学費と生活費のためにアルバイトをしていて遊びに行く余裕もない。

友達に誘われてもお金が理由で断ることも多く、思うようにいかない自分を否定してばかりいました。お給料日前はお財布に100円もないという生活が当たり前で、今思えばよく生きてたなぁと思います(笑)。

それでも当時は、ヘアメイクの勉強をしたい! という夢があったし、親に弱音を吐くのもカッコ悪いなぁと思って、だいぶ強がって乗り切れました(笑)。

そしてまたまた訪れたピンチ。やっとの思いで決めた就職先が新店舗で工事が長引き、3ヶ月ほどオープンが延びてしまったのです。

急に3ヶ月ほどぽっかり空いてしまい、その間アルバイトをして繋ぐことになりました。朝から晩まで派遣で毎日アルバイトをし、それでも余裕がない生活にもう疲れ切ってしまいました。

その後、無事新店舗に配属されましたが、そのときはもう、誰かを責めたり、嫉妬したり、羨んだりそんな感情ばかりでした。

そんな自分に対してのコンプレックス、お金に対するコンプレックス……。

コンプレックスの塊とはこういうこと……というくらいでした。そんなオーラがバンバン出ていたそうで「怖い、近寄りがたい」と言われていました（笑）。

このコンプレックスから、当時付き合っていた彼にも愛されている実感がまったく持てず、駆け引きをしたり相手を試すようなことをしていました。

当然それで上手くいくはずもなく「君には付いていけない」とすぐフラれてしまいました。

もう食事が喉を通らないほどのショックで、立ち直るまでにかなり時間がかかったという苦い思い出があります。

また当時、職場で人間関係のトラブルがあり、上司に聞き取りをされた際、「あなたはいいことばかり言おうとするよね？　自分の本音で話してくれないから悲しい」と言われてしまったこともありました。

本音も何も、自分軸がないのですから、自分の本音がどこにあるのかすらわかっていませんでした。

「本当に私って何をやっても上手くいかない……自分ばっかりいい顔して、結果、人を傷つけてばかりだな……何やってんだろ……」と。

正直これまで、この部分の話はあまり人にしてきませんでしたが、こうして振り返ってみると、今の自分があるのはこのときの経験がすごく大きかったなと改めて感じます。

今振り返ると、お金のコンプレックスからこれまでやってきた仕事は20種類以上。いいことも悪いこともいろんな経験もしたし、いろんな人に会いました。素敵な人もいたし、そうでない人も……（笑）。

このコンプレックスをどうにかして、「今より幸せになりたい」と1つ1つ〝イチ〟を積み重ねて、研究して、実践して、このメソッドに辿り着けたのです。

そんな私でしたが、現在プライベートでは夫と、中学生、小学生に成長した子供たちに囲まれ、仕事も信頼し合える大好きな人たちと心からやりたいことをやる生活を送っており、今本当に幸せです♡

こうして私が人生をかけてこれまでに見つけてきたメソッドが、あなたのこれからの人生のお役に立つことができたら、これほど嬉しいことはありません。

あなたの人生はあなたのものです。誰のものでもありません。
どんなことがあったとしても、あなたはあなたを信じて進んでください。

あなたがあなたでよかったと、生まれ変わったとしてもまた自分でいたいと思える
くらい、自分を愛してあげてください。
あなたらしい人生をたくさん創造していってください！

あなたの望むものすべてを手に入れていいのです！
誰にも何にも遠慮なんてしなくていいのです♪

私たちは自分の夢を叶えるために生まれてきたのだから。

Only I can be I

私は私にしかなれない

自分の未知なる声を聞く

答えは自分の中にしかない

hamatomo coaching

エピローグ

ここまで読んでくださり、ありがとうございました。

5つの魔法のルールは、今すぐに悩みがなくなったり、自分にとっていいことや楽なことばかりになるというものではありません。

どこまでも自分の手で、自分の足で、自分の魂で、自分に今在るものをフルに使って……。

たった一度きりの自分だけの人生という旅を一歩一歩、歩んでいくためのチケットなのです。

そしてそのプロセスを経て自分を制限する「思い込み」から自由になり、魂の声を素直に感じることができ、どんなことが起こっても「ただそうである」と受け取れるようになる魔法です。

魂はすでにすべてを知っています。
どんなに頑張っても他の誰かになりたくても、あなたはあなたにしかなれない。
あなたはすでに答えを持っているので、あなたの本当の夢が叶わないなんてことは決してあり得ないのです。

どんなに遠回りに見えたとしてもすべてはあなたにとって必要なことで、あなたの選択はいつだって正しいのです。

この本を書いている現在、2020年。
コロナウイルスによる大きな時代の変換期真っ只中で、人々の価値観は大きく変わりつつあり、ますます私たちは本来の姿へと戻っていくプロセスを経験しているところです。

今まで信じてきた自分の価値観や常識だと思っていたこと……。

そこに違和感を抱いたら、あなたの魂の声を深く深く聴いてあげてください。

これから先、あなたが人生に悩むときこの本があなたの魂の声を思い出させるツールになれば本当に嬉しいです。

人生は一度きり。

あなたが心の底から「たった今が幸せ」と一瞬一瞬を感じ続けることができますように。

私たちにはすでに「そう」なのだから。

そしてこの本を出版するにあたり、ご尽力頂きましたClover出版の皆様、いつも応援してくれるオンラインサロンメンバー、起業当時からハマトモをここまで育ててくださったプロデューサーの杉田先生、いつも見守ってくれる家族、これまで私に関わってくださったすべての皆様へ心から感謝申し上げます。

2020年8月　ハマトモ

【著者プロフィール】

ハマトモ

◈ 魂のソウル覚醒コーチ
◈ セルフブランディングセミナー講師

friends beauty 代表。

1984 年生まれ。山口県在住。小学生＆中学生2児の母。

元ヘアメイクアップアーティスト、全国雑誌の公式ブロガーなど華やかな世界にいつつも、容姿コンプレックスや優劣コンプレックスが強くブログが炎上するなど挫折を経験する。

結婚出産後、自身のこれからの生き方について深く悩んだことがきっかけでコーチング、心理学を学び、スピリチュアルや不変の法則について研究し、誰でもなりたい自分を実現することができる「成功法則を学びながら第2の人生を引き寄せる魂のソウル覚醒メソッド」を開発しPC1つで起業。魂のソウル覚醒コーチとしてその方らしい生き方を実現する講座等を提供中。

「自分の幸せが何なのか気付いて前に進めるようになった！」

「あるがままの自分を受け入れられるようになった！」

「今までの自分の思い込みが外れ、生き方が楽になった」

など反響が寄せられている。

現在、山口県の田舎にいながらもオンラインを活用し、全国にクライアントを持つ。

公式サイト　https://hamatomo.online/love/

装　丁／齋藤稔（ジーラム）
装丁写真／渡辺美沙 (フォト・オフィス・マザーリーフ代表)
本文写真／ 123RF
制　作／（有）アミークス
校正協力／新名哲明・伊能朋子・あきやま貴子
編　集／阿部由紀子

「自分に素直な女《ひと》」が結局いちばんうまくいく
疲れない私でいられる5つのルール

初版1刷発行 ● 2020年9月18日

著者
ハマトモ

発行者
小田 実紀

発行所
株式会社Clover出版
〒162-0843 東京都新宿区市谷田町3-6 THE GATE ICHIGAYA 10階　Tel.03(6279)1912　Fax.03(6279)1913
https://cloverpub.jp

印刷所
日経印刷株式会社

ISBN978-4-908033-90-2　C0095